全国中等职业学校会计专业教材

企业会计实务（第2版）习题册

张朝东　主编

中国劳动社会保障出版社

简　介

本习题册与全国中等职业学校会计专业教材《企业会计实务（第二版）》配套使用。习题册按教材章节的顺序编写，题型包括填空题、单选题、多选题、判断题、简答题、实训题等，供学生课后练习使用。

本习题册配有参考答案，可通过职业教育教学资源和数字学习中心（http://zyjy.class.com.cn）免费下载。

本书由张朝东主编，王真真、李晓丹、冯丽平、郑伟娜参与编写。

图书在版编目（CIP）数据

企业会计实务（第二版）习题册 / 张朝东主编 . -- 北京：中国劳动社会保障出版社，2019
全国中等职业学校会计专业教材
ISBN 978-7-5167-3744-6

Ⅰ. ①企…　Ⅱ. ①张…　Ⅲ. ①企业管理 – 会计实务 – 中等专业学校 – 习题集
Ⅳ. ① F275.2–44

中国版本图书馆 CIP 数据核字（2018）第 274900 号

中国劳动社会保障出版社出版发行
（北京市惠新东街 1 号　邮政编码：100029）

*

北京市艺辉印刷有限公司印刷装订　　新华书店经销
787 毫米 ×1092 毫米　16 开本　4.25 印张　98 千字
2019 年 1 月第 1 版　　2021 年 8 月第 4 次印刷
定价：8.00 元

读者服务部电话：（010）64929211/84209101/64921644
营销中心电话：（010）64962347
出版社网址：http://www.class.com.cn
http://jg.class.com.cn

目　录

第一章　认识企业会计 …………………………… 1

第二章　货币资金 ………………………………… 3

第三章　应收及预付款项 ………………………… 8

第四章　存货 …………………………………… 13

第五章　固定资产 ……………………………… 18

第六章　无形资产 ……………………………… 28

第七章　流动负债 ……………………………… 32

第八章　非流动负债 …………………………… 41

第九章　所有者权益 …………………………… 45

第十章　收入、费用、利润 …………………… 49

第十一章　财务会计报告 ……………………… 56

第一章　认识企业会计

一、填空题

1．企业会计目标是向____________提供与企业财务状况、经营成果和现金流量等有关的会计信息，反映企业____________的履行情况，有助于财务会计报告使用者作出经济决策。

2．计量属性反映的是会计要素金额确定的基础，主要包括________、________、可变现净值、现值和公允价值。

3.《会计法》要求会计记录的文字应当使用__________。

4．会计工作岗位可以一人一岗、________或者________。

5．出纳人员不得兼管稽核、__________和______________的登记工作。

6．内部牵制制度要求凡是涉及款项和财务收付、结算及登记的任何一项工作，必须由____________分工办理，以起到相互制约作用的一种工作制度。

二、单选题

1．企业应当以实际发生的交易或事项为依据进行确认、计量和报告，体现的会计信息质量要求是（　　）。

A．可靠性　　B．相关性

C．可比性　　D．重要性

2．我国中期财务报告会计准则规定，对于与理解中期财务状况、经营成果和现金流量有关的重要交易或事项，也应当在附注中作相应披露。这一要求体现的会计信息质量要求是（　　）。

A．相关性　　B．谨慎性

C．实质重于形式　　D．重要性

3．以融资租赁方式租入的设备作为承租方的固定资产，这体现了（　　）。

A．谨慎性原则　　B．可比性原则

C．及时性原则　　D．实质重于形式原则

4．同一会计主体在不同会计期间尽可能采用相同的会计处理方法和程序，这一原则在会计上被称为（　　）。

A．可比性原则　　B．一贯性原则

C．相关性原则　　D．配比性原则

5．在会计核算过程中，账务处理方法前后各期（　　）。

A．应当一致，不得随意变更　　B．可以变动，但须经过批准

C．可以任意变动　　D．应当一致，不得变动

6．企业对交易或事项进行确认、计量和报告应当保持应有的谨慎，不应高估资产和收益、低估负债或费用的会计信息质量要求是（　　）。

A．可比性　　B．重要性

C．谨慎性　　D．相关性

7．相关性原则要求所提供的会计信息应满足（　　）。

A．企业内部加强经营管理的需要

B．国家宏观经济管理的需要

C．有关各方面了解企业财务状况和经营成果的需要

D．提高全民素质的需要

三、多选题

1．下列选项中体现会计信息质量谨慎性要求的有（　　）。

A．对固定资产计提减值准备

B．期末存货按照成本与可变现净值孰低计量

C．采用加速折旧法计提固定资产折旧

D．对应收账款计提坏账准备

2．出纳人员不得兼管（　　）。

A．稽核工作　　B．会计档案保管工作

C．收入、费用、债权债务账目的登记工作　　D．现金账簿登记工作

3．企业会计核算的工作内容有（　　）。

A．会计确认　　B．会计计量

C．会计记录　　D．会计报告

四、判断题

1．可比性的会计信息质量要求体现了对同一企业不同时期和不同企业情况相互比较的要求。（　　）

2．《企业会计准则》规定，会计计量过程中只能采用历史成本原则。（　　）

3．会计核算的谨慎性原则一般是指对可能发生的损失和费用应当合理预计，对可能实现的收益不预计。（　　）

4．某一会计事项是否具有重要性，在很大程度上取决于会计人员的职业判断。对于同一会计事项，在某一企业具有重要性，在另一企业则不一定具有重要性。（　　）

5．企业应当按照交易或事项的经济实质进行会计核算，而不应当仅仅以交易或事项的法律形式作为会计核算的依据。（　　）

6．企业的会计核算应以人民币为记账本位币，但根据实际情况，也可以选定人民币以外的一种货币作为记账本位币。（　　）

7．根据会计信息质量的可比性要求，同一企业对于不同时期发生的相同或者相似的交易或者事项，应当采用一致的会计政策，不得变更。（　　）

五、简答题

1．会计工作岗位的设置要求有哪些？

2．会计工作的基本流程是什么？

第二章　货币资金

一、填空题

1．企业的货币资金包括库存现金、＿＿＿＿＿和＿＿＿＿＿＿。

2．为了反映企业库存现金的收入、支出、结存情况，企业设置“库存现金”账户，借方登记＿＿＿＿＿＿＿＿，贷方登记＿＿＿＿＿＿＿＿＿，期末＿＿＿余额反映企业月末持有的库存现金的结存数。

3．库存现金限额一般由开户银行根据企业＿＿＿＿＿的零星开支予以核定。

4．企业从收入的现金中直接用于支付的行为称为＿＿＿＿＿＿。

5．库存现金清查采用的办法是＿＿＿＿＿＿，对于清查的结果应当编制＿＿＿＿＿。

6．银行存款的核算包括银行存款＿＿＿＿＿＿＿核算和＿＿＿＿＿＿核算。

7．企业根据＿＿＿＿＿＿＿＿＿＿＿＿＿＿，按业务发生的先后顺序逐笔登记银行存款日记账。

8．商业汇票按承兑人不同分为＿＿＿＿＿＿＿和＿＿＿＿＿＿＿＿两种。

9．银行本票的出票人是银行，可分为＿＿＿＿＿＿＿和＿＿＿＿＿＿两种。

二、单选题

1．下列不违背《内部会计控制规范——货币资金（试行）》规定的“确保办理货币资金业务不相容岗位相互分离、制约和监督”原则的是（　　）。

A．由出纳人员兼任会计档案保管工作

B．由出纳人员保管签发支票所需全部印章

C．由出纳人员兼任收入总分类账和明细分类账的登记工作

D．由出纳人员兼任固定资产总分类账和明细分类账的登记工作

2．根据规定，下列经济业务中不能用现金支付的是（　　）。

A．支付职工奖金 3,000 元　　B．支付零星办公用品购置费 600 元

C．支付物资采购款 1,500 元　　D．支付职工差旅费 2,000 元

3．企业一般不得从现金收入中直接支付现金，因特殊情况需要坐支现金的，应事先报请（　　）审查批准。

A．工商行政管理部门　　B．开户银行

C．税务部门　　D．上级主管部门

4．企业发现现金短缺属于无法查明的其他原因，按照管理权限经批准处理时，应在（　　）科目核算。

A．其他应收款　　B．营业外支出

C．管理费用　　D．财务费用

5．企业的工资、奖金等现金的支取，可以通过（　　）办理。

A．基本存款账户　　B．一般存款账户

C．临时存款账户　　D．专用存款账户

6．商业汇票结算方式适用于购销双方（　　）。

A．各种托收款项的结算　　B．各种预收款项的结算

C．订有购销合同的商品交易　　D．非商品交易的劳务供应

7．商业汇票的付款期限由交易双方商定，但最长不得超过（　　）。

A．2个月　　B．3个月

C．6个月　　D．1年

8．现行银行结算办法规定，支票的提示付款期限为自出票日起（　　）。

A．3天　　B．5天

C．10天　　D．15天

9．经过“银行存款余额调节表”调整后的银行存款余额为（　　）。

A．企业账上的银行存款余额

B．银行账上的企业存款余额

C．企业可动用的银行存款余额

D．企业应当在会计报表中反映的银行存款余额

10．下列选项中不属于“其他货币资金”科目核算内容的是（　　）。

A．备用金　　B．存出投资款

C．信用证存款　　D．银行汇票存款

三、多选题

1．下列选项中符合企业银行存款开户有关规定的有（　　）。

A．一般存款账户可以办理工资、奖金等现金的支取

B．临时存款账户可以办理转账结算，但不能办理现金收付

C．一个企业只能选择一家银行的一个营业机构开立一个基本存款账户

D．一般存款账户可以办理借款转存和现金缴存，但不能办理现金支取

2．下列选项中属于其他货币资金的有（　　）。

A．银行本票存款　　B．银行汇票存款

C．信用卡存款　　D．外埠存款

3．下列选项中导致企业银行存款日记账余额与银行对账单余额在同一日期不一致的情况有（　　）。

A．银行已记作企业的存款增加，而企业尚未接到收款通知，尚未记账的款项

B．银行已记作企业的存款减少，而企业尚未接到付款通知，尚未记账的款项

C．企业已记作银行存款增加，而银行尚未办妥入账手续的款项

D．企业已记作银行存款减少，而银行尚未支付入账的款项

4．下列选项中同城、异地均可使用的结算方式有（　　）。

A．支票　　B．委托收款

C．银行汇票　　D．银行本票

5．按照《支付结算办法》规定，下列票据可以背书转让的有（　　）。

A．现金支票　　B．转账支票

C．银行本票　　D．银行汇票

四、判断题

1. 采用托收承付结算方式办理结算的款项，必须是商品交易以及因商品交易而产生的劳务供应的款项，包括代销、寄销、赊销方式销售商品的款项。 (　　)

2. 我国的会计核算以人民币为记账本位币，因此，企业的现金是指库存的人民币现金，不包括外币现金。 (　　)

3. 每日终了，企业必须将库存现金日记账的余额与库存现金总分类账的余额及库存现金的实际库存数进行核对，做到账账、账实相符。 (　　)

4. 企业与银行核对银行存款账目时，对已发现的未达账项，应当编制“银行存款余额调节表”进行调节，并进行相应的账务处理。 (　　)

5. 无论是商业承兑汇票还是银行承兑汇票，付款人都负有到期无条件支付票款的责任。 (　　)

6. 企业用银行汇票支付购货款时，应通过“应付票据”账户核算。 (　　)

7. 未达账项是指企业与银行之间由于凭证传递上的时间差，一方已登记入账而另一方尚未入账的账项。 (　　)

8. 商业承兑汇票的出票人可以是该商业汇票的承兑人，也可以是收款人，但必须由付款人承兑。 (　　)

9. 左上角画两条平行线的普通支票，只能用于转账，不得支取现金。 (　　)

10. 单位和个人的各种款项的结算均可采用汇兑结算方式。 (　　)

五、简答题

1. 货币资金内部控制的一般原则有哪些？

2. 根据《现金管理暂行条例》规定，企业可在什么范围内使用现金？

3. 企业通过银行办理支付结算时，应遵守哪些方面的结算纪律？

六、实训题

1．甲公司6月份发生的库存现金、银行存款业务如下：

（1）2日，开出现金支票提取现金3,000元备用。

（2）6日，采购员赵海借支差旅费1,000元，以现金支付。

（3）10日，赵海出差回来报销差旅费850元，交回剩余现金150元。

（4）14日，向银行送存现金3,000元。

（5）21日，收到银行转来的付款通知，支付水电费5,600元（列“应付账款”）。

（6）24日，购入办公用品一批，费用750元，以现金支付。

（7）28日，购入材料一批，货款40,000元，增值税6,400元，开出转账支票46,400元，材料已验收入库。

（8）28日，银行转来收账通知，收到北方公司前欠货款68,000元。

（9）30日，销售产品一批，价款80,000元，增值税12,800元，收到转账支票并办妥入账手续。

要求：根据6月份经济业务为甲公司编制记账凭证。

2．某企业20××年9月30日“银行存款日记账”借方余额为189,000元，“银行存款对账单”贷方余额为196,000元。经过逐笔核对，发现有如下未达账项：

（1）9月26日，企业开出现金支票3,000元用于差旅费借支，已作付款记账，银行尚未记账。

（2）9 月 27 日，企业委托银行收取货款 50,000 元，银行已登记入账，企业尚未收到收账通知。

（3）9 月 28 日，银行划付电费 4,500 元，已作付款记账，企业尚未记账。

（4）9 月 30 日，企业收到客户面额为 41,500 元的银行本票，已作收款记账，银行尚未记账。

要求：根据资料编制银行存款余额调节表。

银行存款余额调节表

20×× 年 9 月 30 日

项目	金额（元）	项目	金额（元）
调节后银行存款余额		调节后银行存款余额	

第三章　应收及预付款项

一、填空题

1．企业应收款项主要包括应收账款、__________、__________和其他应收款等。

2．应收账款是指企业因____________、____________等经营活动，应向购货单位或接受劳务单位收取的款项。

3．销售折扣包括__________和现金折扣，现金折扣一般用符号“____________”表示。

4．“应收账款”账户应按________________________设置明细分类账，进行明细核算。

5．商业汇票按承兑人不同，分为____________和__________两种。

6．坏账是指企业确实无法收回或收回的可能性极小的__________，企业由于发生坏账而产生的损失称为__________。

7．债务人逾期未履行其偿债义务超过_______年仍然不能收回的应收账款，应确认为坏账。

8．备抵法下，企业计提坏账准备的方法主要有应收账款余额百分比法、__________、__________和个别认定法等。

二、单选题

1．某企业按年末应收账款余额的5‰计提坏账准备，该企业年初“坏账准备”科目贷方余额为5,000元，本年发生坏账损失3,000元，年末应收账款余额为900,000元。该企业年末应提取的坏账准备金额是（　　）元。

A．4,500　　B．2,500

C．2,000　　D．–500

2．预付账款业务不多的企业，可以不设“预付账款”科目，而直接将预付的货款记入（　　）。

A．“应收账款”科目的借方　　B．“应收账款”科目的贷方

C．“应付账款”科目的贷方　　D．“应付账款”科目的借方

3．下列应收、暂付款项中不通过“其他应收款”科目核算的是（　　）。

A．预付给企业内部各单位的备用金

B．应向运输部门索赔的材料短缺赔款

C．应向职工收取的各种垫付款项

D．应向购货方收取的代垫运杂费

4．按照企业会计制度规定，下列票据应作为应收票据核算的是（　　）。

A．支票　　B．银行本票

C．商业汇票　　D．银行汇票

5．在采用总价法确认应收账款入账金额的情况下，销售方应将其给予客户的现金折扣

计入（　　）。

A．管理费用　　B．营业费用

C．财务费用　　D．营业外支出

6．若企业采用备抵法进行坏账核算，当已确认并转销的坏账以后又收回时，应当（　　）。

A．借记“坏账准备”账户　　B．借记“管理费用”账户

C．贷记“坏账准备”账户　　D．贷记“管理费用”账户

7．某一般纳税企业销售钢材100吨，所实现的销售收入为200,000元，应交增值税额为32,000元，代垫运费为2,500元，款项未收。该企业应记入“应收账款”账户的金额为（　　）元。

A．200,000　　B．234,000

C．234,500　　D．202,500

8．某企业2月15日收到甲公司开出并经银行承兑的商业汇票一张，面值为10,000元，期限为3个月，票面年利率为9%，该票据的到期价值为（　　）元。

A．10,000　　B．10,900

C．10,300　　D．10,225

9．“坏账准备”科目在期末结账前如为借方余额，反映的内容是（　　）。

A．提取的坏账准备

B．已经发生的坏账损失

C．收回以前已经确认并转销的坏账损失

D．已确认的坏账损失超出坏账准备的余额

10．A企业于6月7日销售一批商品给B企业，应收账款500,000元，规定的付款条件为2/10，1/20，*n*/30。B企业于6月20日付款，A企业实际收到的金额为（　　）元。

A．500,000　　B．490,000

C．485,000　　D．495,000

三、多选题

1．下列各应收款项中应通过“应收账款”账户核算的有（　　）。

A．应收销货款

B．应收代垫运杂费

C．未设置“预收账款”账户的企业预收的销货款

D．未设置“预付账款”账户的企业预付的购货款

2．下列选项中应记入“坏账准备”账户借方的有（　　）。

A．按规定提取的坏账准备　　B．收回已确认为坏账并转销的应收账款

C．已发生的坏账　　D．冲回已多提的坏账准备

3．下列选项中应在“其他应收款”账户中核算的有（　　）。

A．应收出租、出借包装物的押金　　B．应收保险公司的各种赔款

C．应向职工收取的各种垫付款　　D．为供货单位代垫的运费

4．下列选项中采用备抵法核算坏账损失的企业计提坏账准备的项目有（　　）。

A．应收账款　　B．已转入应收账款的应收票据

C．应收票据　　　　　　　　　　　　D．已转入其他应收款的预付账款

5．企业坏账损失采用备抵法核算时，下列尚未收回的款项中可提取坏账准备的有（　　）。

A．代购货单位垫支的运杂费　　　　　B．出租包装物租金

C．存出保证金　　　　　　　　　　　D．备用金

四、判断题

1．企业销售产品收到购货单位开出并承兑的商业汇票，不论应收票据是否带息，均按票据的票面金额登记入账。（　　）

2．按照企业会计制度规定，所有企业的应收账款和应收票据均可以提取坏账准备。（　　）

3．企业按年末应收款项余额的一定比例计算的坏账准备金额，应等于年末结账后“坏账准备”科目的余额。（　　）

4．在存在现金折扣的情况下，若采用总价法核算，应收账款应按销售收入扣除预计的现金折扣后的金额确认。（　　）

5．应收票据的利息收入，一般可在实际收款时确认；金额较大的，应按权责发生制原则在票据到期前的各期期末确认。（　　）

6．企业无论是采用直接转销法还是采用备抵法核算所发生的坏账损失，其确认坏账的标准都是相同的。（　　）

7．年度终了计提应收票据利息时，企业应增加应收票据的账面余额，并冲减当期财务费用。（　　）

8．企业坏账准备的提取方法和提取比例是由国家统一规定的。（　　）

五、简答题

1．什么是预付账款？预付账款核算的内容有哪些？

2．坏账的确认条件有哪些？

六、实训题

1．某企业向A公司销售一批产品，价目表标明的售价为40,000元，适用16%的增值税税率。由于是批量销售，企业给予10%的商业折扣，并按扣除商业折扣后的金额开出增值税专用发票，款项未收。

要求：根据此项业务编制会计分录。

2．某企业在20××年5月1日销售一批商品800件，增值税发票注明售价30,000元，增值税额为4,800元。企业为了及早收回货款而在合同中规定的现金折扣条件为：2/10，1/20，*n*/30。假定计算现金折扣考虑增值税。

要求：编制以下业务的会计分录。

（1）5月1日销售时的会计分录。

（2）5月10日前收到款项时的会计分录。

（3）5月20日前收到款项时的会计分录。

（4）5月底收到款项时的会计分录。

3．某企业应收账款每年年末余额如下：

年度	2014	2015	2016	2017
年末余额（元）	1,400,000	2,000,000	1,800,000	1,200,000

该企业2016年5月1日确认两笔应收账款为坏账，其中A企业8,000元，B企业5,000元；2017年6月23日冲销上年度B企业应收账款5,000元中又收回3,000元，该企业每年年末按应收账款余额5‰提取坏账准备。

要求：计算每年应提的坏账准备，并编制相关会计分录。

4. 某企业20×× 年11月1日销售一批产品给甲公司，货已发出，增值税专用发票上注明的销售收入为100,000元，增值税16,000元，用银行存款代垫运费4,000元。同日，收到甲公司的商业汇票，期限为5个月，利率为10%。到期收到收款通知。

要求：根据此项业务编制会计分录。

5. A公司于20×× 年5月10日销售商品，收到一张面值为100,000元（含增值税），期限为90天，利率为9%的商业汇票。6月9日A公司因急需资金，持此票据到银行贴现，贴现率为12%。该票据到期后，付款单位和A公司均无款支付，A公司收到银行通知，已将该贴现票款转作逾期贷款处理。假设A公司适用的增值税税率为16%。

要求：

（1）计算贴现所得款。

（2）编制相关会计分录。

第四章　存　货

一、填空题

1. 存货按存放地点不同可以分为库存存货、____________、____________和委托代销存货四类。

2. 存货应当同时满足__________________________和______________________两个条件，才能予以确认。

3. 外购存货的成本即存货的采购成本，主要包括______________、______________、运输费、装卸费、保险费以及其他可归属于存货采购成本的费用。

4. 企业在存货采购过程中，如果发生了存货短缺、毁损等情况，针对尚待查明原因或需要报经批准才能转销处理的损失，会计处理应将其损失从____________账户转入______________账户。

5. 存货发出的计价方法有个别计价法、______________和______________等。

6. 由于存货的实物形态、体积重量、堆放方式、存放地点等不同，在清查中采用的方法也会不同，常用方法主要有______________和______________两种。

二、单选题

1. 下列企业材料物资中不属于存货的是（　　）。

A. 在途物资　　B. 委托加工物资
C. 工程物资　　D. 周转材料

2. 下列选项中不计入存货成本相关税费的是（　　）。

A. 不能抵扣的进项税额　　B. 消费税
C. 资源税　　D. 可以抵扣的增值税税额

3. 企业购进存货发生短缺，经查，属于运输途中的合理损耗，该项损耗应计入（　　）。

A. 销售费用　　B. 存货成本
C. 营业外支出　　D. 管理费用

4. 企业期末编制资产负债表时，下列应包括在“存货”项目的是（　　）。

A. 已确认销售但购货方尚未运走的商品　　B. 委托代销商品
C. 为在建工程购入的工程物资　　D. 合同约定购入的商品

5. 存货按成本与可变现净值孰低法计价是会计核算（　　）原则的运用。

A. 客观性　　B. 谨慎性
C. 可比性　　D. 实质重于形式

6. 对于盘盈的存货在批准之前应记入（　　）账户。

A. 管理费用　　B. 待处理财产损溢
C. 其他业务成本　　D. 营业外收入

7. 成本与可变现净值孰低法是指按成本与可变现净值两者之中较低者对（　　）计价

的方法。

A．购进存货　　B．发出存货

C．销售成本　　D．期末存货

8．通过逐一辨认各批发出存货和期末存货所属的购进批别或生产批别，分别按其购入或生产时所确定的单位成本计算各批发出存货和期末存货的成本的方法是（　　）。

A．先进先出法　　B．个别计价法

C．移动加权平均法　　D．全月一次加权平均法

三、多选题

1．下列选项中一般纳税企业计入存货成本的有（　　）。

A．购入存货时发生的增值税进项税额　　B．入库前的挑选整理费

C．购入存货时发生的运输费用　　D．购入存货时发生的装卸费

2．若企业存货采用计划成本计价核算，需设置的会计科目有（　　）。

A．原材料　　B．材料采购

C．材料成本差异　　D．在建工程

3．“材料成本差异”科目贷方核算的内容有（　　）。

A．购入材料实际成本大于计划成本的差异

B．购入材料实际成本小于计划成本的差异

C．发出材料实际成本大于计划成本的差异

D．发出材料实际成本小于计划成本的差异

4．根据《企业会计准则》规定，发出存货的计价应当采用（　　）。

A．个别计价法　　B．先进先出法

C．后进先出法　　D．加权平均法

5．一般纳税企业委托其他单位加工材料收回后直接对外销售的，其发生的下列支出中应计入委托加工材料成本的有（　　）。

A．加工费　　B．增值税

C．发出材料的实际成本　　D．消费税

6．下列存货的盘亏或毁损损失，报经批准后应转作管理费用的有（　　）。

A．保管中产生的定额内自然损耗　　B．自然灾害所造成的毁损净损失

C．管理不善所造成的毁损净损失　　D．收发差错所造成的短缺净损失

四、判断题

1．工业企业购进原材料在运输途中发生的合理损耗，应计入购进材料的实际采购成本中。（　　）

2．企业的原材料无论是按实际成本计价核算还是按计划成本计价核算，其计入生产成本的原材料成本最终均应为所耗用材料的实际成本。（　　）

3．一次摊销的低值易耗品，领用时将其全部价值一次计入有关成本费用，报废时将其残料价值冲减有关成本费用。（　　）

4．无论是一般纳税企业还是小规模纳税企业，其购入货物支付的增值税一律不能计入所购货物的成本。（　　）

5．采用先进先出法对发出存货计价时，只能采用永续盘存法确定存货的数量。（　　）

6. 一般纳税企业购进生产用原材料时，按照税法的有关规定，可以按支付的外地运杂费的一定比例计算增值税进项税额，该进项税额应计入购进材料的采购成本中。（　　）

7. 某企业采用成本与可变现净值孰低法确定存货的期末价值，当存货的成本低于可变现净值时，期末存货应按其成本计价。（　　）

8. 单独列作商品产品的自制包装物应作为“库存商品”核算，不属于包装物核算的范围。（　　）

9. 小规模纳税企业采购物资支付的增值税，如果取得了增值税专用发票，应作为进项税额核算；如果未能取得增值税专用发票，则应计入所购货物的成本。（　　）

10. 采用成本与可变现净值孰低法对期末存货进行计价时，当存货的可变现净值下跌至成本以下时，由此产生的差额应作为损失全部计入当期损益。（　　）

11. 采用实地盘存制时，平时只记录存货购进的数量和金额，不记录存货发出的数量和金额，期末通过实地盘点确定存货的实际结存数量，并据以计算出期末存货的成本和当期耗用或已销售存货的成本，这一方法通常也称为“以存计销”。（　　）

12. 由自然灾害或意外事故以外的原因造成的存货毁损所发生的净损失，均应计入管理费用。（　　）

五、简答题

1. 采用计划成本法应考虑哪些问题？

2. 存货的特征有哪些？

六、实训题

1. 信达公司对存货采用定期盘存制，公司 2 月份存货数量和单位成本资料如下：

日期		单位成本（元）	数量（件）		
月	日		购进	售出	结余
2	1	1.00			300
	4	1.20	400		700
	9			500	200
	17	1.26	300		500
	21			200	300
	26	1.30	200		500

要求：计算先进先出法下的期末存货成本和当期销售成本。

2．信达公司在存货清查中发现盘亏一批 A 材料，账面成本为 3,000 元，假定不考虑增值税。

（1）发现盘亏。

（2）查明原因，报经批准处理。

1）假定属于定额内自然损耗。

2）假定属于管理不善造成的毁损，由过失人赔偿 1,000 元，款项尚未收取；残料处置收入 200 元，已存入银行。

要求：编制信达公司存货盘亏的会计分录。

3．信达公司委托新世纪公司加工材料一批（属于应税消费品），原材料成本为 100,000 元，支付加工费 80,000 元（不含增值税），消费税税率为 10%，材料加工完成验收入库，加工费等已经支付。双方适用的增值税税率均为 17%。

要求：编制相关会计分录。

4. 信达公司各部门 3 月领用甲材料的计划成本情况：基本生产车间生产 A 产品领用 180,000 元，车间管理部门领用 20,000 元，公司管理部门领用 10,000 元，出售 50,000 元。材料成本差异率为 1%。

要求：编制相关会计分录。

第五章　固定资产

一、填空题

1．在我国会计实务中，固定资产的初始计量采用____________计价方法。

2．按固定资产的使用情况分类可分为______________、______________和不需用固定资产。

3．增值税一般纳税人2016年5月1日后购入固定资产（不动产），以及2016年5月1日后发生的不动产在建工程，其进项税额应按照有关规定分两年从销项税额中抵扣，第一年抵扣比例为____________（自取得之日起），第二年抵扣比例为____________。

4．自行建造固定资产有______________和____________两种方式。

5．为了加强对固定资产的管理，企业除了对固定资产进行总分类核算外，对于取得的固定资产还应设置______________、____________进行明细分类核算。

6．固定资产的损耗有______________和______________两种。

7．双倍余额递减法下，在固定资产使用年限到期前两年内，将固定资产的账面净值扣除预计净残值后的余额平均摊销，也就是说，最后两年按____________折旧。

8．固定资产发生减值的，按应减记的金额，借记______________科目，贷记“固定资产减值准备”科目。

9．固定资产减值损失一经确认，在以后会计期间__________。

10．固定资产的后续支出可以分为________________和________________两种。

11．与固定资产有关的修理费用等后续支出，不符合固定资产确认条件的，应当根据不同情况，分别于发生时计入__________。

12．固定资产处置包括企业对固定资产出售、报废、毁损、对外投资、非货币性资产交换、债务重组等，处置的固定资产通过______________科目核算。

二、单选题

1．下列选项中不属于企业持有固定资产目的的是（　　）。

A．生产商品　　B．提供劳务

C．出租或经营管理　　D．出售

2．企业购入需要安装的固定资产发生的安装费及其他必要支出，应通过（　　）科目核算。

A．固定资产　　B．制造费用

C．在建工程　　D．财务费用

3．下列选项中不能记入“固定资产”账户核算的是（　　）。

A．购入正在安装的设备　　B．经营性租出的设备

C．融资租入的不需安装的设备　　D．购入的不需安装的设备

4．企业采用出包方式购建固定资产，按合同规定预付工程款时，应借记（　　）科目。

A．预付账款　　B．应付账款

C．在建工程　　D．其他应付款

5．某一般纳税人企业购入一台需要安装的设备，支付买价10,000元，增值税额1,600元；运输费500元，增值税额50元。安装设备时，领用库存生产用材料价值1,000元，购进该批材料时支付的增值税为160元；支付安装工人工资1,800元。该固定资产的入账价值为（　　）元。

A．10,000　　B．12,290

C．15,000　　D．13,300

6．下列固定资产中应计提折旧的是（　　）。

A．未提足折旧提前报废的设备　　B．闲置的设备

C．已提足折旧继续使用的设备　　D．经营租赁租入的设备

7．固定资产在使用过程中由于使用磨损、自然气候条件的侵蚀及意外毁损事故引起的在使用价值和价值上的损失称为（　　）。

A．无形损耗　　B．有形损耗

C．化学损耗　　D．技术损耗

8．某企业于2016年12月31日购入的一台设备原价320,000元，预计净残值10,000元，预计使用年限为5年。按双倍余额递减法计算折旧，该设备2018年计提的折旧额为（　　）元。

A．62,000　　B．82,667

C．64,000　　D．76,800

9．按照规定，固定资产应当（　　）计提折旧，并根据用途计入相关资产的成本或者当期损益。

A．按月　　B．按季

C．按半年　　D．按年

10．甲公司2016年12月31日购入一台设备，入账价值900,000元，预计使用年限5年，预计净残值60,000元。按年数总和法计算折旧，该设备2018年计提的折旧额为（　　）元。

A．168,000　　B．216,000

C．224,000　　D．240,000

11．下列固定资产中不计提折旧的是（　　）。

A．闲置机器设备　　B．土地

C．经营性租出的设备　　D．融资租入的设备

12．某工业企业采用经营租赁的方式租出设备一台，该设备计提的折旧费应计入（　　）。

A．生产成本　　B．制造费用

C．管理费用　　D．其他业务支出

13．固定资产折旧采用加速折旧法，符合会计核算的（　　）。

A．权责发生制原则　　B．谨慎性原则

C．客观性原则　　D．划分收益性支出和资本性支出的原则

14．某企业对生产车间现有的某项设备进行改建，该设备账面原价250,000元，累计折旧70,000元。在改建过程中发生的各项支出共50,000元，拆除部分零部件的变价收入为

10,000 元，该设备改建后的原价为（　　）元。

A．220,000　　B．290,000

C．310,000　　D．240,000

15．某企业生产车间发生的固定资产修理费计入（　　）。

A．管理费用　　B．财务费用

C．销售费用　　D．制造费用

16．企业固定资产发生毁损，应将固定资产的账面净值转入（　　）账户核算。

A．待处理财产损溢　　B．固定资产清理

C．营业外支出　　D．在建工程

17．某企业 2014 年 6 月 15 日交用设备一台，原值为 100,000 元，预计可用 8 年，预计净残值为 4,000 元。企业对该设备采用直线法计提折旧，设备除大修理外从未停用，则其 2018 年 6 月 30 日的净值为（　　）元。

A．52,000　　B．51,000

C．50,000　　D．48,000

18．企业盘盈的固定资产应在发现时记入（　　）科目。

A．其他业务收入　　B．以前年度损益调整

C．资本公积　　D．营业外收入

19．固定资产采用快速折旧法会使企业在加速期间（　　）。

A．利润减少　　B．利润增加

C．利润不受影响　　D．以上皆有可能

20．固定资产因磨损而减少的价值应记在（　　）。

A．“固定资产”账户的贷方　　B．“生产成本”账户的借方

C．“累计折旧”账户的贷方　　D．“主营业务成本”账户的借方

21．企业计提固定资产减值准备时，与“固定资产减值准备”账户对应的借方账户是（　　）。

A．管理费用　　B．营业外支出

C．资产减值损失　　D．投资收益

22．固定资产报废清理后发生的净损失应计入（　　）。

A．投资收益　　B．管理费用

C．营业外支出　　D．其他业务成本

23．企业专设销售机构的固定资产的折旧费应计入（　　）。

A．其他业务成本　　B．制造费用

C．销售费用　　D．管理费用

三、多选题

1．购入固定资产，其入账价值包括（　　）。

A．买价　　B．运杂费

C．途中保险费　　D．进口关税

2．固定资产按所有权情况可分为（　　）固定资产。

A．使用中的　　B．未使用的

C．租入　　　　D．自有

3．下列选项中构成固定资产入账价值的有（　　）。

A．购买设备发生的运杂费　　　　B．取得固定资产而缴纳的契税

C．购买设备发生的包装费用　　　　D．取得固定资产发生的耕地占用税

4．下列选项中应计入固定资产成本的有（　　）。

A．固定资产的日常修理费

B．有确凿证据表明符合固定资产确认条件的大修理费

C．固定资产达到预定可使用状态后发生的专门借款利息

D．固定资产达到预定可使用状态前发生的工程物资盘亏净损失

5．下列选项中可作为企业固定资产入账的是（　　）。

A．购入正在安装的固定资产　　　　B．经营性租入的固定资产

C．融资租入的固定资产　　　　D．经营性租出的固定资产

6．下列固定资产中应计提折旧的有（　　）。

A．经营租入的设备　　　　B．融资租入的设备

C．闲置的房屋　　　　D．大修理停用的设备

7．下列固定资产中不需要计提折旧的有（　　）。

A．季节性停用的设备　　　　B．已提足折旧继续使用的固定资产

C．以经营租赁方式租出的设备　　　　D．以经营租赁方式租入的设备

8．影响企业固定资产年折旧额的主要因素有（　　）。

A．固定资产原价　　　　B．固定资产的使用年限

C．固定资产的预计净残值　　　　D．固定资产的折旧方法

9．下列（　　）等固定资产的折旧方法属于加速折旧法。

A．平均年限法　　　　B．工作量法

C．年数总和法　　　　D．双倍余额递减法

10．下列固定资产的折旧方法中用一个固定的依据乘以年折旧率计算各年应提取折旧额的有（　　）。

A．平均年限法　　　　B．工作量法

C．年数总和法　　　　D．双倍余额递减法

11．下列有关固定资产折旧的会计处理中不符合现行规定的有（　　）。

A．因固定资产改良而停用的生产设备应继续计提折旧

B．因固定资产改良而停用的生产设备应停止计提折旧

C．自行建造的固定资产应自办理竣工决算时开始计提折旧

D．自行建造的固定资产应自达到预定可使用状态时开始计提折旧

12．下列（　　）业务应将固定资产的净值转入“固定资产清理”账户。

A．固定资产毁损　　　　B．固定资产盘盈或盈亏

C．固定资产报废　　　　D．固定资产对外出售

13．“固定资产清理”科目的借方反映的内容有（　　）。

A．出售固定资产的折余价值　　　　B．出售固定资产支付的拆卸费

C．结转的清理固定资产净损失　　　　D．结转的清理固定资产净收益

14．“固定资产清理”科目的贷方发生额有（　　）。

A．支付清理费　　B．固定资产清理收入

C．结转固定资产的净值　　D．结转固定资产清理的净损失

四、判断题

1．固定资产的入账价值中应当包括企业为取得固定资产而缴纳的契税、耕地占用税、车辆购置税等相关税费。（　　）

2．企业作为固定资产核算的必须是拥有所有权的物品。（　　）

3．已达到预定可使用状态但尚未办理移交手续的固定资产，可先按估计价值记账，待确定实际价值后再行调整。（　　）

4．区别固定资产与商品等流动资产的重要标准是其取得的目的是为了生产经营活动而不是为了出售。（　　）

5．外购的工程用物资，其增值税进项税额可以抵扣，而不计入工程物资的成本。（　　）

6．按固定资产的经济用途分类，可将其分为生产经营用固定资产和非生产经营用固定资产。这种分类可以反映企业固定资产的用途结构。（　　）

7．采用年限平均法计提折旧时，各月折旧额一定相等。（　　）

8．固定资产的使用寿命、预计净残值一经确定，不得随意变更和调整。（　　）

9．租入的固定资产在租赁期内应视同自有固定资产进行核算与管理，并通过“固定资产”账户核算。（　　）

10．使用中的固定资产均应计提折旧，而未使用的固定资产均不应计提折旧。（　　）

11．企业出租的固定资产由于是其他单位在用，因此本企业不应计提折旧，而应由使用单位计提折旧。（　　）

12．企业在计提固定资产折旧时，当月增加的固定资产当月开始提折旧，当月减少的固定资产当月不再提折旧。（　　）

13．已提足折旧仍在使用的固定资产，不再计提折旧。（　　）

14．按《企业会计准则》的规定，企业未使用的机器设备和房屋建筑物均不计提折旧。（　　）

15．企业盘盈的固定资产应通过“待处理财产损溢”科目核算。（　　）

16．采用双倍余额递减法计算折旧，开始时并不考虑预计的净残值。（　　）

17．提前报废的固定资产，未提足折旧额不再补提。（　　）

18．固定资产清理后发生的净损益，应区别不同情况分别计入营业外收支。（　　）

19．报废毁损的固定资产的清理费用，应记入“待处理财产损溢”账户。（　　）

20．企业发生固定资产盘亏、盘盈时，应通过“固定资产清理”账户核算。（　　）

21．企业以经营租赁方式租入的固定资产发生的改良支出，应全部记入“长期待摊费用”账户。（　　）

22．企业应按月计提折旧，并根据固定资产的用途分别计入相关资产的成本或当期费用。（　　）

23．固定资产的各组成部分具有不同使用寿命或者以不同方式为企业提供经济利益，适用不同折旧率或折旧方法的，此时仍然应将该资产作为一个整体考虑。（　　）

24．如果已计提减值准备的固定资产的价值又得以恢复，则应当将已恢复的价值全部确认为当期收益。（ ）

五、简答题

1．什么是固定资产？固定资产有哪些特征？

2．影响固定资产折旧的因素有哪些？

3．企业应对哪些固定资产计提折旧？

4．如何确定固定资产是否已经发生减值？

六、实训题

1．某公司为增值税一般纳税人，购入不需要安装的生产用设备一台，增值税专用发票上注明价款200,000元，增值税32,000元；支付专用发票所列运费5,000元，增值税500元。所有款项均通过银行存款付清。

要求：编制购入固定资产的会计分录。

2．某公司20××年5月12日购入一台生产用设备，发生相关的经济业务如下：

（1）增值税专用发票上注明价款800,000元，增值税128,000元，支付专用发票所列运输费5,000元，增值税500元。全部款项以银行存款支付，设备交付安装。

（2）在安装过程中，领用原材料价值3,000元，同时支付安装工人工资5,300元。

（3）该设备当月安装完毕，交付使用。该设备预计净残值3,000元，预计使用5年。

要求：

1）编制购买设备的会计分录。

2）编制安装设备的会计分录。

3）编制设备达到预定可使用状态的会计分录。

4）采用年限平均法计算该设备本年应计提的折旧额。

3．2019年1月1日，某公司购入一幢楼作为销售用房，取得的增值税专用发票上注明价款为8,000,000元，增值税额为12,800,000元，款项以银行存款支付。该公司为增值税一般纳税人，进项税额分2年从销项税额中抵扣，当年可抵扣60%，剩余40%下年度抵扣。

要求：

（1）编制2019年1月1日购入固定资产的会计分录。

（2）编制2020年1月1日进项税额可抵扣销项税额的会计分录。

4．20××年8月1日，某公司自建一条流水生产线，购入为工程准备的各种物资300,000元，支付的增值税额为48,000元，款项以银行存款支付，物资全部用于工程建设。领用生产用材料一批，实际成本为25,000元，分配工程人员工资70,000元，支付其他费用并取得增值税专用发票，注明安装费20,000元，增值税2,000元。工程完工并达到预定可使用状态。

要求：

（1）编制购入工程物资时的会计分录。

（2）编制工程领用工程物资时的会计分录。

（3）编制工程领用本企业材料时的会计分录。

（4）编制分配工程人员工资时的会计分录。

（5）编制支付工程其他费用的会计分录。

（6）编制转入固定资产的会计分录。

5. 某公司以出包方式建造一座仓库，按工程进度及合同规定第一次支付工程款 800,000 元，税率为 10%，增值税额为 80,000 元；工程完工后，根据工程决算单，补付工程款 400,000 元，增值税额为 40,000 元，工程验收后交付使用。

要求：

（1）编制第一次支付工程款的会计分录。

（2）编制补付工程价款的会计分录。

（3）编制工程验收交付使用的会计分录。

6. 某公司 20×× 年 8 月份固定资产计提折旧情况如下：车间计提折旧 62,000 元，管理部门计提折旧 14,000 元，销售部门计提折旧 21,000 元，在建工程项目计提折旧 17,000 元，出租的固定资产应计提折旧 43,000 元。

要求：编制本月计提折旧的会计分录。

7. 20×× 年 12 月 31 日，某公司的某台设备存在可能发生减值的迹象。经计算，该设备的可收回金额为 316,000 元，账面价值为 400,000 元，以前年度对该设备未计提过减值准备。

要求：编制相关会计分录。

8．某公司于20××年8月对某生产线进行改造。该生产线的账面原价为360万元，已计提折旧为100万元，在改造过程中，应付人工费用18万元，耗用材料15万元，取得变价收入4万元。该生产线于次年1月改造完工并投入使用。改造后的生产线可使其产品质量得到实质性提高，该项改造支出应予资本化。

要求：编制相关会计分录。

9．某企业基本生产车间报废一台设备，经批准后进行清理。该设备原价为94,000元，已提折旧28,000元，已计提减值准备20,000元，以现金支付自行清理费用350元，取得残值收入10,000元，增值税1,600元，已存入银行。设备已清理完毕。

要求：编制全部清理业务的会计分录。

10．出售一台不使用的机器设备，原价50,000元，已提折旧20,000元，收到出售所得款项15,000元，增值税2,400元。支付自行清理费用3,000元。

要求：编制全部清理业务的会计分录。

11．盘亏设备一台，账面原价 10,000 元，已提折旧 6,000 元。已报经批准处理。

要求：编制相关会计分录。

12．某公司为增值税一般纳税企业，2018 年 12 月 10 日，该公司购买需安装新设备一台，该设备价值 6,000,000 元，增值税额 960,000 元，已通过银行支付。在该设备安装过程中，领用自产商品一批，价值 1,000,000 元，发生安装人员工资费用 20,000 元。2018 年 12 月 31 日设备达到预定可使用状态并交付使用。该设备预计使用年限为 5 年，预计净残值为 90,000 元，采用年数总和法计提折旧。

要求：

（1）编制固定资产购入、安装、达到预定可使用状态的相关会计分录。

（2）计算该设备 2019 年应计提的折旧额。

第六章　无 形 资 产

一、填空题

1．无形资产一般包括专利权、非专利技术、__________、__________、土地使用权、特许权等。

2．无形资产项目的确认，除必须符合无形资产定义外，还必须同时满足以下两个条件：①与该无形资产有关的经济利益很可能流入企业，②____________________。

3．企业自行开发无形资产，研究开发发生的支出，应当于发生时记入__________账户。属于研究阶段的支出，应分期转入____________账户；属开发阶段的支出，符合资本化条件的，应在确认无形资产时，结转记入__________________账户，不符合资本化条件的，按期记入________________账户。

4．无形资产一般应自______________起按________________进行摊销。

5．企业出租无形资产的收入应列为____________，出租无形资产应缴纳的税费（增值税除外）应列入____________；出售无形资产的净损益应列为________________。

二、单选题

1．接受投资者投入的无形资产，一般应按（　　）入账。

A．同类无形资产的价格

B．该无形资产可能带来的未来现金流量之和

C．投资各方合同或协议约定的价值

D．投资方无形资产账面价值

2．企业让渡无形资产使用权形成的租金收入，应当计入（　　）。

A．营业外收入　　B．其他业务收入

C．冲减营业外支出　　D．主营业务收入

3．企业在无形资产研究阶段发生的职工薪酬，应当计入（　　）。

A．当期损益　　B．在建工程成本

C．无形资产成本　　D．固定资产成本

4．下列选项中应确认为无形资产的是（　　）。

A．企业自创商誉　　B．企业内部产生的品牌

C．企业内部研究开发项目研究阶段的支出　　D．企业购入的专利权

5．企业处置无形资产，应当将取得价款超过该无形资产的账面价值以及出售相关税费后的差额记入（　　）科目。

A．营业外收入　　B．营业外支出

C．其他业务收入　　D．其他业务成本

6．企业开发无形资产发生的研发支出满足资本化条件的，在研究开发项目达到预定用途形成无形资产时，应借记（　　）科目。

A．研发支出（资本化支出）　　B．研发支出（费用化支出）

C．管理费用　　D．无形资产

7．下列选项中不属无形资产的是（　　）。

A．专利权　　B．商标权

C．特许权　　D．商誉

8．2017 年 3 月，A 公司提出一项新专利技术的设想，经研究，认为研制成功的可能性很大。A 公司于 2017 年 4 月开始研制，2018 年 3 月研制成功，取得了专利权。研究阶段共发生支出 500 万元，开发阶段发生支出 1,000 万元，其中包含满足无形资产确认条件的支出为 800 万元。A 公司该项专利权的入账价值为（　　）万元。

A．1,500　　B．800

C．1,000　　D．500

9．无形资产是指企业拥有或控制的没有实物形态的可辨认的（　　）。

A．资产　　B．非流动性资产

C．货币性资产　　D．非货币性资产

10．下列选项中属于企业无形资产的是（　　）。

A．持有以备增值后转让的土地使用权　B．企业自创的商誉

C．经营租入的无形资产　　D．有偿取得的经营特许权

三、多选题

1．下列说法正确的有（　　）。

A．企业内部研究开发项目研究阶段的支出，应当于发出时计入当期损益

B．使用寿命有限的无形资产应当摊销

C．使用寿命不确定的无形资产不予摊销

D．无形资产应当采用直线法摊销

2．关于无形资产的确认，应同时满足的条件有（　　）。

A．符合无形资产的定义

B．与该无形资产有关的经济利益很可能流入企业

C．该无形资产的成本能够可靠地计量

D．必须是企业外购的

3．关于内部研究开发费用的确认和计量，下列说法错误的有（　　）。

A．企业研究阶段的支出应全部费用化，计入当期损益

B．企业研究阶段的支出应全部资本化，计入无形资产成本

C．企业开发阶段的支出应全部费用化，计入当期损益

D．企业开发阶段的支出应全部资本化，计入无形资产成本

4．对使用寿命有限的无形资产，下列说法正确的有（　　）。

A．其应摊销金额应当在使用寿命内系统合理摊销

B．其应摊销期限应当自无形资产可供使用的当月起，至不再作为无形资产确认时止

C．其应摊销期限应当自无形资产可供使用的下个月起，至不再作为无形资产确认时止

D．无形资产可能有残值

四、判断题

1．企业自行开发无形资产发生的研发支出，不满足资本化条件的，应当计入当期损益。（ ）

2．无形资产的预计净残值为零。（ ）

3．无形资产的摊销方法只有直线法。（ ）

4．无法预见无形资产为企业带来经济利益期限的，应当视为使用寿命不确定的无形资产，并按期进行摊销。（ ）

5．使用寿命有限的无形资产一定无残值。（ ）

6．投资者投入的无形资产的成本，都应当按照投资合同或协议约定的价值确定入账价值。（ ）

7．企业自创商誉应确认为无形资产。（ ）

8．企业自行开发无形资产发生的研发支出，无论是否满足资本化条件，均应先在“研发支出”科目中归集。（ ）

9．使用寿命不确定的无形资产不用进行摊销，也不用进行减值测试计提减值准备。（ ）

10．无法区分研究阶段支出和开发阶段支出，应当将其所发生的研发支出全部资本化，计入无形资产成本。（ ）

五、简答题

1．什么是无形资产？它有哪些特征？

2．企业自行开发无形资产发生的支出应怎样进行会计处理？

六、实训题

1．20××年1月1日，甲公司经董事会批准研发某项新产品专利技术。该公司董事会认为，研发该项目具有可靠的技术和财务等资源的支持，并且一旦研发成功将降低该公司生产产品的生产成本。该公司在研发过程中发生材料费5,000,000元、人工工资1,000,000

元，以及其他费用4,000,000元，总计10,000,000元，其中，符合资本化条件的支出为6,000,000元。20××年12月31日，该专利技术已经达到预定用途。

要求：

（1）编制发生研发支出的会计分录。

（2）编制20××年12月31日专利技术达到预定可使用状态的会计分录。

2．乙公司收到A公司投来的土地使用权和专有技术，双方协商土地使用权作价80,000元，专有技术30,000元，已办妥有关法律手续。

要求：编制相应的会计分录。

3．某企业购买一项专利，支付费用300,000元，按规定摊销期限为10年，企业购买一年后出售给其他单位，取得转让收入290,000元。

要求：编制相关会计分录。

第七章　流 动 负 债

一、填空题

1．流动负债是指将在＿＿＿＿＿＿＿或者＿＿＿＿＿＿的一个营业周期内偿还的债务。

2．按偿付手段分类，流动负债可以分为＿＿＿＿＿＿＿和＿＿＿＿＿＿＿＿两种。

3．短期借款是指企业向银行或其他金融机构等借入的期限在＿＿＿＿＿＿＿各种款项。

4．应付票据按是否带息分为＿＿＿＿＿＿＿＿和＿＿＿＿＿＿＿＿两种。

5．企业因债权人撤销或其他原因而转销的应付账款，应记入＿＿＿＿＿＿科目。

6．企业开具银行承兑汇票到期无力支付票款，应将应付票据票面金额转为＿＿＿＿＿＿＿。

7．2016 年 5 月 1 日后取得的不动产在建工程，其进项税额按现行增值税制度规定自取得之日起分＿＿＿年从销项税额中抵扣。

8．小规模纳税人增值税的征收率为＿＿＿＿＿＿。

9．企业缴纳的印花税不需要通过“应交税费”科目核算，应于购买印花税票时，直接记入＿＿＿＿＿＿＿＿科目。

二、选择题

1．下列选项中导致负债总额变化的是（　　）。

A．赊销商品　　B．赊购商品

C．开出支票　　D．用盈余公积转赠资本

2．下列选项中不属于流动负债项目的是（　　）。

A．应交税费　　B．应付利润

C．应付债券　　D．应付职工薪酬

3．按企业会计制度规定，短期借款所发生的利息一般应记入（　　）科目。

A．管理费用　　B．营业外支出

C．财务费用　　D．投资收益

4．预收账款不多的企业可以不设置“预收账款”科目，而直接将预收的货款记入（　　）。

A．“应收账款”科目的借方　　B．“应收账款”科目的贷方

C．“应付账款”科目的借方　　D．“应付账款”科目的贷方

5．某企业因采购商品开出为期 3 个月的商业汇票一张，票面价值为 400,000 元，票面利率为 10%。该商业汇票到期时，企业应支付的金额为（　　）元。

A．400,000　　B．440,000

C．410,000　　D．415,000

6．企业的应付账款确实无法支付，经确认后转作（　　）。

A．营业外收入　　B．补贴收入

C．其他业务收入　　D．资本公积

7. 下列选项中应通过“其他应付款”科目核算的是（　　）。

A. 应付管理人员工资　　B. 应付现金股利

C. 应付租入包装物租金　　D. 应交教育费附加

8. 企业收取包装物押金及其他各种暂收款项时，应贷记（　　）科目。

A. 营业外收入　　B. 其他业务收入

C. 其他应付款　　D. 其他应收款

9. 企业已经支出，但摊销期限在一年以上的各种费用称为（　　）。

A. 待摊费用　　B. 应付账款

C. 长期待摊费用　　D. 未确认融资费用

10. 下列选项中不属于职工薪酬中的“职工”的是（　　）。

A. 临时职工　　B. 独立董事

C. 兼职工程师　　D. 为企业提供会计服务的注册会计师

11. 企业作为福利为高管人员配备汽车，计提这些汽车折旧时，应编制的会计分录是（　　）。

A. 借记“累计折旧”科目，贷记“固定资产”科目

B. 借记“管理费用”科目，贷记“固定资产”科目

C. 借记“管理费用”科目，贷记“应付职工薪酬”科目，同时借记“应付职工薪酬”科目，贷记“累计折旧”科目

D. 借记“管理费用”科目，贷记“固定资产”科目，同时借记“应付职工薪酬”科目，贷记“累计折旧”科目

12. 企业从应付职工工资中代扣的职工房租，应借记的会计科目是（　　）。

A. 应付职工薪酬　　B. 管理费用

C. 其他应收款　　D. 其他应付款

13. 下列职工薪酬中不应当根据职工提供服务的受益对象计入成本费用的是（　　）。

A. 职工福利费　　B. 因解除与职工的劳动关系给予的补偿

C. 职工工会经费和职工教育经费　　D. 社会保险费

14. 下列税费中不需要通过“应交税费”科目核算的是（　　）。

A. 耕地占用税　　B. 土地使用税

C. 土地增值税　　D. 资源税

15. 某企业委托外单位加工材料一批，该批委托加工材料为应税消费品（非金银饰品）。该批材料收回后，直接用于销售。该企业应于提货时，将受托单位代扣代缴的消费税记入（　　）。

A.“委托加工物资”科目的借方

B.“应交税费——应交消费税”科目的借方

C.“应交税费——应交消费税”科目的贷方

D.“税金及附加”科目的借方

16. 企业购进货物用于非应税项目时，该货物负担的增值税额应当计入（　　）。

A. 应交税费——应交增值税　　B. 货物的采购成本

C. 营业外支出　　D. 管理费用

17. 小规模企业购入原材料取得增值税专用发票上注明：货款 20,000 元，增值税 3,200

元，在购入材料的过程中另支付运费 600 元。则该企业原材料的入账价值为（　　）元。

A．23,800　　B．20,600
C．20,540　　D．23,400

18．一般纳税人企业在月度终了，对本月发生应交未交增值税的会计处理方法是（　　）。

A．保留在“应交增值税”明细账户的贷方
B．保留在“应交增值税”明细账户的借方
C．将其转入“未交增值税”明细账户的借方
D．将其转入“未交增值税”明细账户的贷方

19．一般纳税人企业缴纳当月增值税，应通过（　　）账户核算。

A．“应交税费——应交增值税（转出未交增值税）”
B．“应交税费——未交增值税”
C．“应交税费——应交增值税（转出多交增值税）”
D．“应交税费——应交增值税（已交税金）”

20．一般工业企业缴纳的下列各项税费中，可以通过“税金及附加”科目反映的是（　　）。

A．增值税　　B．消费税
C．城市维护建设税　　D．车辆购置税

21．某企业为增值税一般纳税人，20×× 年实际缴纳税费情况如下：增值税 8,500,000 元、消费税 1,500,000 元、城市维护建设税 700,000 元、车船使用税 5,000 元、印花税 15,000 元、所得税 1,200,000 元。上述各项税费应记入“应交税费”科目借方的金额是（　　）元。

A．11,900,000　　B．11,905,000
C．11,915,000　　D．11,920,000

三、多选题

1．下列选项中属于流动负债的有（　　）。

A．预收账款　　B．应交税费
C．预付账款　　D．一年内到期的长期借款

2．下列选项中属于结算过程中形成的流动负债的有（　　）。

A．短期借款　　B．应付账款
C．应付票据　　D．预收账款

3．按现行《企业会计准则》规定，不能用“应收票据”及“应付票据”核算的票据包括（　　）。

A．银行汇票存款　　B．银行承兑汇票
C．银行本票存款　　D．商业承兑汇票

4．下列各项工作中应通过“其他应付款”科目核算的有（　　）。

A．应付的租入包装物租金　　B．应付的社会保险费
C．应付的客户存入保证金　　D．应付的经营租入固定资产租金

5．下列关于应付账款说法中正确的有（　　）。

A．应付账款应按实际发生的交易金额入账

B．在折扣期内付款时，把获得的现金折扣计入财务费用

C．对于预收账款较少的单位，可以将预收的款项记入“应付账款”明细账户的借方

D．在有现金折扣的情况下，应付账款按总价法确定

6．下列选项中属于短期薪酬的有（　　）。

A．职工福利费　　B．非货币性福利

C．短期带薪缺勤　　D．离职后福利

7．下列选项中属于职工薪酬核算范围的有（　　）。

A．职工福利费　　B．住房公积金

C．职工工会经费　　D．非货币性福利

8．在职工薪酬定义中，属于企业“职工”范畴的有（　　）。

A．临时工　　B．董事会成员

C．劳务用工合同人员　　D．全职、兼职

9．企业计算交纳的下列税金中，不需要通过“应交税费”科目核算的有（　　）。

A．土地增值税　　B．耕地占用税

C．房产税　　D．印花税

10．某增值税一般纳税企业委托外单位将A货物加工成B货物，B货物为应税消费品，B货物收回后用于连续生产应税消费品甲产品。A货物委托加工中发生的下列支出中，计入B货物成本的有（　　）。

A．货物的实际成本　　B．增值税专用发票上注明的加工费

C．增值税专用发票上注明的增值税　　D．受托单位代收代缴的消费税

11．下列各项税金中可通过“税金及附加”账户核算的有（　　）。

A．消费税　　B．资源税

C．城市维护建设税　　D．车船税

12．城市维护建设税应按实际缴纳的（　　）为计税依据。

A．消费税　　B．资源税

C．增值税　　D．车船税

13．下列各项税费中构成相关资产成本的有（　　）。

A．购买存货，签订买卖合同时缴纳的印花税

B．对外销售产品应交的资源税

C．小规模纳税企业购买产品支付的增值税

D．直接出售委托加工应税消费品由受托方代收代缴的消费税

四、判断题

1．负债是由于已经发生的和将要发生的交易或事项形成的现时义务。（　　）

2．短期借款利息在预提或实际支付时均应通过“短期借款”科目核算。（　　）

3．对于带息应付票据，偿付时所支付的利息应作为管理费用入账。（　　）

4．应付账款是企业购买材料、商品等支付给供货者的款项，应以实际收到货物的时间作为入账时间。（　　）

5．企业所支付的银行承兑汇票的手续费应当记入“应付票据”账户。（　　）

6．企业购入货物验收入库后，若发票账单尚未收到，应在月末按照估计的金额确认为一笔负债，反映在资产负债表有关负债项目内。（　　）

7．对于到期无力支付的带息应付票据，企业应按面值转入“应付账款”账户。（　　）

8．“应付账款”科目所属明细科目有借方余额的，表示的是“预付账款”。（　　）

9．职工工会经费和职工教育经费不属于职工薪酬的范围，不通过“应付职工薪酬”科目核算。（　　）

10．企业为职工缴纳的住房公积金不属于职工薪酬的范围，不通过“应付职工薪酬”科目核算。（　　）

11．小规模纳税企业购入货物已支付的增值税额，应计入所购货物的成本。（　　）

12．由企业代扣代缴的个人所得税不通过“应交税费”科目核算。（　　）

13．增值税一般纳税企业将自己生产的产品用于对外投资时，应视同销售货物计算缴纳增值税，但在会计核算上并不作销售收入处理。（　　）

14．本月缴纳上月应交增值税，借记“应交税费——应交增值税（已交税金）”科目，贷记“银行存款”科目。（　　）

15．按照《企业会计制度》规定，委托加工应交消费税的材料收回后，用于连续生产应交消费税产品，由受托方代收代缴的消费税，应计入委托加工材料的成本。（　　）

16．企业在建工程领用本企业生产的产品，应按产品的售价转账，计入在建工程成本。（　　）

17．每月终了，企业转出多交增值税或未交增值税后，“应交税费——应交增值税”账户的借方余额反映企业尚未抵扣的增值税。（　　）

18．企业购入材料不能取得增值税专用发票的，发生的增值税应计入材料采购成本。（　　）

19．企业用自产消费品对外销售，按规定缴纳的消费税，应记入“税金及附加”账户。（　　）

五、简答题

1．流动负债有哪些特点？

2．什么是职工薪酬？包括哪些内容？

3．“应交税费”账户的用途是什么？它的结构如何？

4．增值税一般纳税人应纳税额如何计算？

六、实训题

1．某公司20××年1月1日从银行取得短期借款200,000元，借款合同规定，借款利率为6%，期限为1年。该公司按月预提、按季支付利息，到期归还本金。

要求：编制借款、计提利息、季末归还利息和到期还本付息的会计分录。

2．某企业于20××年6月1日购入一批材料，该批材料价款为300,000元，增值税进项税额为48,000元，企业签发由银行承兑的期限为3个月的银行承兑汇票一张，通过银行转账支付银行承兑汇票的手续费500元。该批材料已验收入库，按实际成本核算。

要求：编制相关会计分录。

（1）20××年6月1日，购入材料，签发汇票时。

（2）支付银行承兑汇票手续费时。

（3）20××年9月1日，银行承兑汇票到期支付票款时。

（4）20××年9月1日，银行承兑汇票到期企业无力支付票款时。

3．20××年5月10日，甲公司从乙公司购买一批材料，材料价款40,000元，增值税进项税额6,400元，材料已经验收入库，款项尚未支付，乙公司开出的现金折扣条件为2/10，1/20，*n*/30。假设折扣不考虑增值税。

要求：编制相关会计分录。

（1）甲公司20××年5月10日收到材料时。

（2）甲公司20××年5月19日支付货款时。

（3）甲公司20××年5月29日支付货款时。

（4）甲公司20××年6月8日支付货款时。

（5）债权人破产，甲公司确实无法支付货款。

4. 某企业为增值税一般纳税人。20×× 年 6 月 1 日，与乙公司签订供货合同，向其出售一批产品，货款金额共计 400,000 元，应交增值税 64,000 元。根据购货合同规定，乙公司在购货合同签订后一周内，应当向甲公司预付货款 200,000 元，剩余货款在交货后付清。20×× 年 6 月 6 日，企业收到乙公司交来的预付货款 200,000 元并存入银行。6 月 19 日企业将货物发到乙公司，并开出增值税专用发票，乙公司验收后付清了剩余货款。

要求：编制相关会计分录。

5. 某公司从 2019 年 1 月 1 日起，以经营租赁方式租入管理用办公设备一批，每月租金 5,000 元，按季支付。3 月 31 日，公司以银行存款支付应付租金，收到增值税专用发票一张，价款 15,000 元，增值税 2,400 元。

要求：编制相关会计分录。

6. 企业本月应付职工工资总额 462,000 元，工资结算汇总表中列示的产品生产工人工资为 320,000 元，车间管理人员工资 70,000 元，企业行政管理人员工资为 60,400 元，销售人员工资为 11,600 元。

要求：编制相关会计分录。

7. 企业根据工资结算汇总表结算本月应付职工工资，总额为 462,000 元，其中代扣职工房租 40,000 元，代扣代垫职工家属医药费 2,000 元，实发工资为 420,000 元，通过银行发放。

要求：编制作出相关会计处理。

8. 某公司共有职工 100 名。2019 年 1 月，公司以其生产成本为 400 元的产品作为福利发放给公司每名职工。该产品售价为每台 700 元，公司适用的增值税税率为 16%。公司 100 名职工中，80 名为直接参加生产的职工，20 名为行政管理人员。此外，公司为两名副经理各提供一辆公务用车，每辆车每月计提折旧 900 元。

要求：编制当月相关会计处理。

9. 某公司为增值税一般纳税企业，适用的增值税税率为 16%，材料采用实际成本进行日常核算。10 月份发生如下涉及增值税的经济业务：

（1）购买原材料一批，增值税专用发票上注明价款为 200,000 元，增值税额为 32,000 元，公司已开出商业承兑汇票。该原材料已验收入库。

（2）购买一间销售用房，并于当月投入使用。该房的增值税专用发票认证相符，专用发票注明的价款为 1,000,000 元，增值税进项税额为 100,000 元，款项已用银行存款支付。不考虑其他相关因素。

（3）销售产品一批，销售价格为 500,000 元（不含增值税额），实际成本为 370,000 元，提货单和增值税专用发票已交购货方，货款尚未收到。该销售符合收入确认条件。

（4）月末盘亏原材料一批，该批原材料实际成本为 100,000 元，增值税额为 16,000 元。

（5）用银行存款缴纳本月增值税 4,000 元。

要求：编制当月相关会计分录。

10．某企业为小规模纳税企业，本期购入原材料，专用发票上记载售价 500,000 元，增值税 80,000 元，企业开出商业承兑汇票支付，材料已入库。该企业本期销售产品，开出一张普通发票，发票注明售价 800,000 元，货款尚未收到。

要求：编制相关会计分录。

11．某公司 20×× 年 10 月实际缴纳增值税 135,000 元，实际缴纳消费税 45,000 元，该公司适用的城市维护建设税税率为 7%，适用的教育费附加税税率为 3%，地方教育费附加的征收比率为 2%。

要求：

（1）根据资料计算该公司应交城市维护建设税和教育费附加。

（2）根据计算结果编制计提时的会计分录。

第八章　非流动负债

一、填空题

1. 非流动负债是流动负债以外的负债，它是指偿还期在__________或者__________的一个营业周期以上的负债。

2. 非流动负债按照筹措方式的不同要分为____________、____________和长期应付款等。

3. 长期借款按借款条件，划分为____________、____________和担保借款。

4. 应付债券是指企业按照法定程序，为筹集长期资金而实际发行的期限在____________的____________。

5. 长期借款利息的计算目前有____________和__________两种方法。

6. 长期应付款主要包括应付融资租入固定资产的__________和______________购入固定资产等发生的应付款项等。

7. 企业发行债券时应当设置_____ __________，要详细记录企业债券的票面金额、债券票面利率、发行总额、还本付息期限与方式、发行时间和编号、委托代售部门、转换股份等情况。

8. 非流动负债按照付息方式分为____________的非流动负债和____________的非流动负债。

9. 应付债券按是否记名划分为______________和______________。

10. 长期应付款的核算，通过设置______________科目进行。

二、单选题

1. 企业为购建固定资产而借入的长期借款，发生的利息支出应（　　）。

   A. 全部计入财务费用
   B. 全部计入固定资产购建成本
   C. 全部计入长期待摊费用
   D. 在固定资产达到预定可使用状态之前符合资本化条件的计入固定资产购建成本，其余及以后计入当期损益

2. 某企业用发行债券的方式筹资兴建一条生产线，该生产线投产后的债券利息应计入（　　）。

   A. 财务费用　　　　B. 在建工程
   C. 管理费用　　　　D. 固定资产价值

3. 借款费用中的专门借款是指（　　）。

   A. 发行券收款
   B. 长期借款
   C. 技术改造借款
   D. 为购建或者生产符合资本化条件的资产而专门借入的款项

4. 如果固定资产的购建活动发生非正常中断，且中断时间连续超过（　　）的，应当暂停借款费用的资本化。

A. 1年　　B. 6个月

C. 3个月　　D. 9个月

5. 长期借款所发生的利息费用，根据长期借款的使用方向，可以将其直接计入的项目是（　　）。

A. 财务费用　　B. 长期借款

C. 营业外支出　　D. 管理费用

6. 当所购建的固定资产（　　）时，应当停止其借款费用的资本化，以后发生的借款费用应当于发生当期确认为费用。

A. 竣工决算　　B. 交付使用

C. 达到预定可使用状态　　D. 交付使用并办理竣工决算手续

7. 下列选项中应作为长期应付款核算的是（　　）。

A. 应付的职工退休金　　B. 预付的设备款

C. 应付的经营租入固定资产租金　　D. 应付的融资租入固定资产租赁费

8. 债券折价发行是由于（　　）。

A. 债券票面利率低于市场利率　　B. 债券票面利率高于市场利率

C. 债券票面利率等于市场利率　　D. 债券发行量较大而给予的优惠

9. 企业融资租入固定资产，其未确认融资费用的分摊额，应当计入（　　）。

A. 管理费用　　B. 营业外支出

C. 财务费用　　D. 融资租入固定资产的入账价值

10. 企业以溢价方式发行债券（不论分期付息和到期一次付息）时，每期实际负担的利息费用是债券的账面价值（　　）。

A. 按票面利率计算的利息费用

B. 按实际利率计算的利息费用

C. 按实际利率计算的实付（应计）利息减去应摊销的溢价

D. 按票面利率计算的实付（应计）利息加上应摊销的溢价

三、多选题

1. 长期借款按照借款条件的不同可分为（　　）。

A. 抵押借款　　B. 信用借款

C. 一次还本付息　　D. 担保借款

2. 非流动负债按照筹措方式的不同可分为（　　）。

A. 长期借款　　B. 应付债券

C. 长期应付款　　D. 短期借款

3. 非流动负债与流动负债相比，还具有（　　）等特点。

A. 债务偿还期限较长　　B. 债务金额较大

C. 债务可以采用分期偿还　　D. 偿还期限在一年以内

4. 按照《企业会计制度》规定，下列借款费用不予以资本化的有（　　）。

A. 为投资而发生的长期借款费用

B．固定资产达到预定可使用状态前的专门借款利息

C．筹建期间发生的长期借款费用

D．固定资产达到预定可使用状态后的专门借款利息

5．企业发生的各种借款费用，根据不同的情况可能借记的会计科目有（　　）。

A．财务费用　　B．在建工程

C．长期待摊费用　　D．固定资产

四、判断题

1．为购建固定资产而发生的借款费用应全部计入所购建固定资产的价值。（　　）

2．“应付债券”总分类账账户下设立了“面值”“应计利息”“债券折价”和“债券溢价”等明细分类账户进行核算。（　　）

3.《企业会计准则》规定，将于一年内到期的长期负债应在“资产负债表”中单独列支。（　　）

4．“长期借款”账户的月末余额反映企业尚未支付的各种长期借款的本金。（　　）

5．企业发行的应付债券的利息，均应通过“应付债券——应计利息”科目核算。（　　）

6．企业举借长期负债，不会影响企业原有的股权结构。（　　）

7．长期借款所发生的费用，由于借款用途不同，其承担对象也不同。（　　）

8．债券溢价和折价应在债券存续期内系统合理地摊销，摊销方法可以采用实际利率法，也可以采用直线法。（　　）

9．按照《企业会计制度》规定，为进行长期投资而发生的借款费用，应计入长期投资的成本。（　　）

10．企业计提长期借款利息时，应当借记“在建工程”或“财务费用”等科目，贷记“预提费用”科目。（　　）

五、简答题

1．什么是非流动负债？它具备哪些特点？

2．什么是长期借款？它一般用于哪些方面？

3．什么是长期应付款？它主要包括什么？

六、实训题

1．某公司为了扩大生产规模，于2016年6月向中国建设银行借入2年期借款5,000,000元用于建造新车间，年利率为5%，每年末支付利息一次。公司于2016年6月1

日支付工程款 3,000,000 元，于 2017 年 1 月 1 日支付工程款 2,000,000 元，该项工程于 2017 年 6 月底竣工并交付使用。借款于 2018 年 6 月一次性还本。假定借款期内实际利率与合同利率差异很小。

要求：编制相关会计分录。

2．2016 年 1 月 1 日，某公司为新建仓库发行 3 年期债券 2,000,000 元，票面年利率为 5%，到期一次还本付息。所筹资金全部用于新建仓库项目，该工程于 2018 年底完工交付使用。假定票面利率与实际利率差异较小。

要求：编制相关会计分录。

第九章　所有者权益

一、填空题

1．所有者权益包括______________、资本公积和__________。

2．留存收益包括______________和_______________。

3．盈余公积包括______________和_______________。

4．资本公积的主要用途是______________。

5．企业增加资本的一般途径为将资本公积转为实收资本或股本、_______________、______________。

6．企业提取盈余公积的主要作用弥补亏损、______________和__________________。

二、单选题

1．下列选项中会引起企业所有者权益总额发生变动的是（　　）。

A．接受投资　　B．以计入资本公积的股本溢价转增股本

C．盈余公积转增资本　　D．盈余公积补亏

2．在接受投资时，股份有限公司应通过（　　）科目核算。

A．未分配利润　　B．盈余公积

C．股本　　D．实收资本

3．下列选项中能够引起企业所有者权益减少的事项是（　　）。

A．增发新股　　B．发放股票股利

C．提取盈余公积　　D．分配现金股利

4．下列选项中能够引起留存收益变动的是（　　）。

A．盈余公积补亏　　B．计提法定盈余公积

C．盈余公积转增资本　　D．计提任意盈余公积

5．有限责任公司在增资扩股时，如有新投资者加入，新加入的投资者缴纳的出资额大于其在注册资本中所占的份额部分，不计入“实收资本”科目，而作为（　　）。

A．盈余公积　　B．资本公积

C．未分配利润　　D．营业外收入

6．接受投资者缴付的出资额超过注册资本的差额，会计上应记入（　　）。

A．实收资本　　B．资本公积

C．盈余公积　　D．未分配利润

7．企业的留存收益包括（　　）。

A．实收资本　　B．资本溢价

C．资本公积　　D．盈余公积和未分配利润

8．企业溢价发行股票，实收股本超过股票面值的部分，应记入（　　）。

A．主营业务收入　　B．资本公积

C．盈余公积　　D．财务费用

三、多选题

1．下列选项中属于所有者权益的有（　　）。

A．实收资本　　B．直接计入所有者权益的利得

C．资本公积　　D．营业外收入

2．下列选项中构成留存收益的有（　　）。

A．资本溢价　　B．未分配利润

C．任意盈余公积　　D．法定盈余公积

3．发行股票相关的手续费、佣金等交易费用，如果是无溢价发行股票或溢价金额不足以抵扣的，不足抵扣的部分可以冲减（　　）。

A．实收资本　　B．盈余公积

C．未分配利润　　D．财务费用

4．能够用于转增资本的所有者权益要素有（　　）。

A．实收资本　　B．资本公积

C．盈余公积　　D．未分配利润

5．下列选项中不会引起留存收益总额发生增减变动的有（　　）。

A．资本公积转增资本　　B．盈余公积转增资本

C．盈余公积弥补亏损　　D．税后利润弥补亏损

6．下列选项中不会引起留存收益变动的有（　　）。

A．盈余公积补亏　　B．计提法定盈余公积

C．盈余公积转增资本　　D．计提任意盈余公积

四、判断题

1．企业以当年实现的利润弥补以前年度结转的未弥补亏损，需要进行专门的账务处理。（　　）

2．收入能够导致企业所有者权益增加，但导致所有者权益增加的不一定是收入。（　　）

3．年度终了，除“未分配利润”明细科目外，“利润分配”科目下的其他明细科目应当无余额。（　　）

4．企业所有者权益来源于所有者投入的资本和留存收益，不应该包括利得和损失。（　　）

5．企业的盈余公积可用于转增资本，也可用于弥补亏损。（　　）

6．企业计提法定盈余公积的基数是当年实现的净利润和企业年初未分配利润之和。（　　）

7．资本公积是从销售收入中提取的公积金。（　　）

8．资本公积是企业收到投资者出资额超出其在注册资本（或股本）中所占份额的部分，以及直接计入当期损益的利得和损失等。（　　）

9．企业在一定期间发生亏损，则企业在这一会计期间的所有者权益一定减少。（　　）

10．一般情况下，企业的实收资本应相对固定不变，但在某些特定情况下，实收资本也可能发生增减变化。（　　）

11．企业计提法定盈余公积的基数是当年实现的净利润和企业年初未分配利润之和。

12．企业不能用盈余公积分配现金股利。 （ ）

五、简答题

1．所有者权益的特征有哪些？

2．企业提取盈余公积的主要作用是什么？

六、实训题

1．2017 年 1 月 1 日，A 企业作为有限责任公司成立，由甲、乙、丙三人共同出资，公司注册资本为 6,600,000 元，其中，甲、乙、丙的持股比例分别为 50%、30% 和 20%。由于企业发展形势良好，为了扩大生产经营规模，2017 年 7 月 1 日，所有的投资者——甲、乙、丙三人决定新增注册资本 900,000 元，且全部由丁投资者用现金资产投入，丁投资者实际出资 1,000,000 元。

要求：编制企业增资的会计分录。

2．2017 年 1 月 1 日，B 企业作为有限责任公司成立，由甲、乙、丙三人共同出资，公司注册资本为 6,000,000 元，其中，甲、乙、丙的持股比例分别为 40%、30% 和 30%。由于企业发展形势良好，为了扩大生产经营规模，2017 年 3 月 1 日，所有的投资者——甲、乙、丙三人决定按照原出资比例将资本公积 100,000 元转增资本。

要求：编制资本公积转增资本的会计分录。

3．2017 年年初信达公司未分配利润为 0，2016 年实现净利润 100,000 元，本年提取法定盈余公积 20,000 元，宣告发放现金股利 40,000 元。信达公司已办理好了相关的手续。

要求：编制相关会计分录。

第十章　收入、费用、利润

一、填空题

1．收入是指企业在__________中形成的、会导致__________增加的、与所有者投入资本无关的经济利益的总流入。

2．收入按照企业从事日常活动的性质不同可分为__________、__________和__________等。

3．收入按照企业经营业务的重要性可分为__________和__________两种。

4．委托代销可分为______________和______________两种情况。

5．费用按经济用途分类，分为产品__________（计入产品成本或劳务成本的费用）和__________。

6．为进行利润形成和利润分配的核算，企业应设置__________和__________科目。

7．销售退回是指企业________________等不符合客户要求等原因而发生部分或全部的退货。

8．利润是指企业在一定会计期间的______________。利润包括______________减去__________后的净额、直接计入当期利润的 __________ 等。

9．费用是指企业在日常活动中发生的、会导致__________________、与向所有者分配利润无关的经济利益的总流出。

10．企业所得税是对企业经营所得额和其他所得额征收的一种直接税，全部所得税费用（或收益）应当包括______________和______________。

11．现金折扣是指债权人为鼓励债务人在______________而向债务人提供的债务扣除。

12．营业外收入是指企业发生的与其日常经营活动________________的各项利得。

二、单选题

1．企业因购买原材料而签发银行承兑汇票时，所缴纳的承兑手续费应借记的账户是（　　）。

A．在途物资　　B．原材料

C．财务费用　　D．管理费用

2．某公司于20××年9月接受一项产品安装任务，安装期6个月，合同总收入100,000元，年度预收款项30,000元，余款在安装完成时收回，当年实际发生成本30,000元，预计还将发生成本20,000元，则该公司20××年确认的收入为（　　）元。

A．40,000　　B．60,000

C．100,000　　D．0

3．在视同买断代销方式下，委托方确认销售收入的时点是（　　）。

A．委托方向受托方交付商品时　　B．受托方对外销售商品时

C．委托方发出商品时　　D．委托方收到受托方代销清单时

4．出租无形资产所取得的收益，在利润表中应列入（　　）。

A．“主营业务收入”项目　　B．“投资收益”项目
C．“营业外收入”项目　　D．“其他业务利润”项目

5．某公司每月月末将各损益类科目的余额转入“本年利润”科目，该企业20××年12月31日各损益类科目转账后，“本年利润”科目贷方余额为28,400元，该余额反映（　　）。

A．20××年12月份实现的净利润　　B．20××年全年实现的净利润
C．20××年12月份实现的利润总额　　D．20××年全年实现的利润总额

6．甲公司年初未分配利润为10,000元，当年净利润为20,000元，按10%的比例提取盈余公积。该公司可供投资者分配的利润为（　　）元。

A．30,000　　B．28,000
C．27,000　　D．26,000

7．某公司20××年5月主营业务收入为500,000元，主营业务成本为300,000元，管理费用为50,000元，销售费用为80,000元，投资收益为50,000元。假定不考虑其他因素，该公司当月的营业利润是（　　）元。

A．120,000　　B．70,000
C．190,000　　D．200,000

8．下列选项中不属于企业主营业务收入的是（　　）。

A．商业企业销售商品实现的收入　　B．咨询公司提供咨询服务实现的收入
C．安装公司提供安装服务实现的收入　　D．工业企业销售材料实现的收入

9．下列选项中不属于收入范围的是（　　）。

A．提供劳务收入　　B．材料销售收入
C．商品销售收入　　D．处置固定资产的净收益

10．某企业处理固定资产发生的净损失30,000元，应记入（　　）账户。

A．营业外收入　　B．其他业务收入
C．营业外支出　　D．主营业务收入

11．某公司20××年年初未分配利润100,000元，20××全年实现净利润300,000元，按10%提取的法定盈余公积是（　　）元。

A．30,000　　B．40,000
C．20,000　　D．50,000

12．某公司接到银行通知，本期银行存款利息为5,000元，并拿回存款利息清单，存款利息应记入（　　）账户。

A．销售费用　　B．财务费用
C．管理费用　　D．制造费用

三、多选题

1．下列各账户中期末无余额的有（　　）。

A．营业外收入　　B．预收账款
C．管理费用　　D．预付账款

2．产品生产费用是指计入产品成本或劳务成本的费用，包括（　　）。

A．直接材料　　B．直接人工

C．生产成本　　D．制造费用

3．期间费用是企业本期发生的、直接计入当期损益的各项费用，包括（　　）。

A．销售费用　　B．财务费用

C．管理费用　　D．制造费用

4．企业为扩大销售市场发生的下列费用中，应计入营业费用的有（　　）。

A．广告费　　B．业务招待费

C．促销费　　D．销售机构办公费

5．工业企业的主营业务收入包括（　　）。

A．产成品销售的收入　　B．自制半成品销售的收入

C．代制品销售的收入　　D．原材料销售的收入

6．收入的特征表现为（　　）。

A．收入从日常活动中产生，而不是从偶发的交易或事项中产生

B．收入可能表现为资产的增加

C．收入可能表现为负债的减少

D．收入将引起企业所有者权益的增加

7．让渡资产使用权收入同时满足（　　）条件的，才能予以确认。

A．相关的经济利益很可能流入企业　　B．导致企业费用的减少

C．收入的金额能够可靠地计量　　D．收入的金额不能够可靠地计量

8．下列各账户的余额期末应结转到“本年利润”账户的有（　　）。

A．税金及附加　　B．主营业务收入

C．营业外支出　　D．资产减值损失

9．下列选项中应计入营业外支出的有（　　）。

A．存货自然灾害损失　　B．无形资产处置损失

C．长期股权投资处置损失　　D．固定资产清理损失

10．下列选项中可用于确定所提供劳务完工进度的方法有（　　）。

A．按已经发生的成本占估计总成本的比例计算确定

B．按已经收到的金额占合同总金额的比例计算确定

C．按已经提供的劳务占应提供劳务总量的比例计算确定

D．根据测量的已完成工作量来确定

11．财务费用是企业为筹集生产经营所需资金等而发生的筹资费用，包括（　　）。

A．利息支出　　B．汇兑损益发生的手续费

C．企业发生的现金折扣　　D．财务人员的工资

12．企业当期实现的净利润，按照（　　）顺序进行分配。

A．弥补以前年度尚未弥补的亏损　　B．提取法定盈余公积

C．提取任意盈余公积　　D．向投资者分配利润或股利

四、判断题

1．企业发生销售退回时，不论销售退回的商品是本年销售的还是以前年度销售的，均冲减本年度的销售收入与成本。（　　）

2．在交款提货销售方式下，只有在收到货款并发出商品时，才能确认销售收入的

实现。（ ）

3．在采用完工百分比法确认劳务收入时，其相关的销售成本应以实际发生的全部成本确认。（ ）

4．根据《企业会计制度》规定，销售折让应在实际发生时计入当期财务费用。（ ）

5．根据《企业会计制度》规定，企业发生的现金折扣应冲减主营业务收入。（ ）

6．虽然企业保留与已售商品所有权相联系的继续管理权，但商品已经发出，货款已经收到，则企业应确认该项商品销售收入。（ ）

7．对于委托代销的商品，应当在收到代销单位汇来的价款时确认销售收入。（ ）

8．企业在销售商品时，如果商品的成本不能可靠地计量，则不能确认相关的收入。（ ）

9．对于附有销售退回条件的商品销售，如果不能合理确定退货的可能性，应在售出商品的退货期期满时确认收入。（ ）

10．税法上视同销售行为的，在会计核算中均应确认为销售，并计算应缴纳的各种税金。（ ）

11．企业在确定商品销售收入时，应考虑各种可能发生的现金折扣和销售折让。（ ）

五、简答题

1．什么是收入？它有哪些特征？

2．商品销售收入的确认条件有哪些？

3．分别简述现金折扣、商业折扣和销售折让的概念。

4．期间费用包括哪些费用？分别是什么？

5. 利润总额由哪些内容组成？如何计算？

六、实训题

1. 某公司为增值税一般纳税人，增值税税率为16%。6月6日，销售一批商品，增值税发票上注明售价100,000元，成本为80,000元，货款已收，已按合同发货。该项销售符合收入确认条件。

要求：编制当月相关会计分录。

2. 某公司在20××年7月向甲公司销售一批商品，开出的增值税专用发票上注明的销售价格为10,000元，增值税额为1,600元，该批商品成本为7,500元。甲公司在当年8月因该批商品有质量问题将其退回。假定某公司已按规定开具了红字增值税专用发票。

要求：编制8月相关会计分录。

3. 甲、乙两企业均为增值税一般纳税人，增值税税率均为16%。20××年5月6日，甲企业与乙企业签订代销协议，甲企业委托乙企业销售A商品500件，A商品的单位成本为每件200元。代销协议规定，乙企业应按每件A商品350元（不含增值税）的价格售给顾客，甲企业按不含增值税售价的10%向乙企业支付手续费。6月1日，甲企业收到乙企业交来的代销清单，代销清单中注明：实际销售A商品400件，商品总售价为140,000元，增值税额为22,400元。当日，甲企业向乙企业开具金额相等的增值税专用发票。6月6日，甲企业收到乙企业支付的已扣除手续费的商品代销款。

要求：编制甲企业5—6月的相关会计分录。

4. 甲公司为增值税一般纳税人，增值税税率为16%，商品销售价格不含增值税。20××年5月2日，向乙公司销售A商品1,000箱，销售价格为1,000,000元，商品实际成本为650,000元。为了促销，甲公司给予乙公司10%的商业折扣并开具了增值税专用发票。甲公司已发出商品，并向银行办理了托收手续。假定不考虑其他因素。

要求：编制甲公司当月相关会计分录。

5. 甲公司为增值税一般纳税人，适用的增值税税率为16%，商品销售价格不含增值税。20××年6月份，甲公司发生如下经济业务：

（1）6月2日，向乙公司销售A产品，销售价格为600,000元，实际成本为500,000元。产品已发出，款项存入银行。

（2）6月8日，收到丙公司退回的B产品并验收入库，当日支付退货款并收到经税务机关出具的《开具红字增值税专用发票通知单》。该批产品系当年5月份售出并已确认销售收入，销售价格为200,000元，实际成本为120,000元。

（3）6月10日，因产品更新换代，销售一批不需要的材料，售价为70,000元，公司已收到购货单位签发的商业承兑汇票。该批原材料的成本为61,000元。

（4）6月30日，将本公司生产的C产品作为福利发放给生产工人，市场销售价格为80,000元，实际成本为50,000元。

要求：假定除上述资料外，不考虑其他相关因素，根据上述资料，分别编制甲公司当月相关会计分录。

6. 某公司12月份有关损益类账户的余额如下：

主营业务收入1,000,000元，主营业务成本500,000元，其他业务收入80,000元，其他业务成本50,000元，税金及附加100,000元，销售费用130,000元，财务费用40,000元，管理费用50,000元，营业外收入100,000元，营业外支出110,000元。

要求：

（1）计算本月利润总额和净利润，结转损益类各账户（所得税税率为25%）。

（2）12月31日一次结转全年实现的净利润（公司1—11月份累计净利润为650,000元）。

（3）12月31日公司计提10%的法定盈余公积金，按净利润的50%向股东发放现金股利。

（4）计算年末未分配利润的金额。

第十一章　财务会计报告

一、填空题

1．财务会计报告是企业会计信息的主要载体，包括__________、__________和其他应当在财务会计报告中披露的相关信息和资料。

2．会计报表按照编制的时间分为__________和__________两种。

3．资产负债表反映的是某一时点的财务状况，所以又称为__________。

4．资产负债表的格式有__________和__________两大类。

5．资产负债表由表首、__________和__________三个部分构成。

6．“货币资金”项目，应当根据“库存现金”、__________和__________三个总分类账户的期末余额合计数填列。

7．利润表包括__________和__________两种格式。

8．利润总额 =__________+__________–__________。

9．现金流量表是反映企业在一定会计期间__________和__________的报表，属于动态报表。

10．财务报表附注与资产负债表、利润表、现金流量表、所有者权益变动表等财务报表具有同等的__________，是财务报表的__________。

二、单选题

1．利润表是反映企业一定期间（　　）的会计报表。

A．财务状况　　B．经营成果

C．现金流量　　D．资本变化

2．企业必须在规定的时间报送各期的财务报告，不得拖延。年报应在年度终了后（　　）内报出。

A．3 个月　　B．4 个月

C．5 个月　　D．6 个月

3．资产负债表中资产的排列顺序是按项目的（　　）确定的。

A．收益性　　B．重要性

C．流动性　　D．时间性

4．在资产负债表的下列项目中，只需要根据一个总分类账户就能填列的项目是（　　）。

A．货币资金　　B．长期借款

C．预付款项　　D．预收款项

5．下列选项中属于资产负债表中流动负债项目的是（　　）。

A．长期借款　　B．递延税款贷项

C．应付股利　　D．应付债券

6．资产负债表中的“未分配利润”项目，应根据（　　）填列。

A．“利润分配”科目余额

B．“本年利润”科目余额

C．“本年利润”和“利润分配”科目的余额计算后

D．“盈余公积”科目余额

7．关于资产负债表的格式，下列说法不正确的是（　　）。

A．资产负债表主要有账户式和报告式

B．我国的资产负债表采用报告式

C．账户式资产负债表分为左右两方，左方为资产，右方为负债和所有者权益

D．负债和所有者权益按照求偿权的先后顺序排列

8．资产负债表设计的主要依据是（　　）。

A．会计恒等式　　B．收入－费用＝利润

C．复式记账原理　　D．账户结构原理

9．在利润表中，对主营业务要求详细列示其收入、成本、费用，对次要业务只要求简略列示其利润，这一做法体现了（　　）。

A．客观性原则　　B．重要性原则

C．谨慎性原则　　D．配比原则

10．下列选项中不应在利润表“营业收入”项目列示的是（　　）。

A．提供劳务收入　　B．出租固定资产取得的租金收入

C．出租无形资产取得的租金收入　　D．出售固定资产取得的收入

11．与计算营业利润有关的项目是（　　）。

A．管理费用　　B．营业外收入

C．所得税费用　　D．营业外支出

12．下列选项中不影响营业利润的有（　　）。

A．已销商品销售成本　　B．原材料销售收入

C．出售固定资产净收益　　D．转让交易性金融资产净收益

三、多选题

1．财务报表的使用者有（　　）。

A．投资者　　B．债权人

C．国家经济管理机关　　D．企业内部管理人员

2．会计报表的编制必须做到（　　）。

A．数字真实　　B．计算准确

C．内容完整　　D．编报及时

3．财务会计报告包括（　　）。

A．会计报表　　B．财务分析

C．会计报表附注　　D．财务情况说明书

4．借助于资产负债表提供的会计信息，可以帮助管理者分析（　　）。

A．企业资产的结构及其状况

B．企业目前与未来需要支付的债务数额

C．企业的债务偿还能力

D．企业的现金流量情况

5．资产负债表的数据可以通过（　　）方式获得。

A．直接从总账科目的余额获得

B．根据明细科目的余额分析获得

C．根据几个总账科目的余额合计获得

D．根据有关科目的余额分析获得

6．按照《企业会计制度》的规定，在资产负债表中应作为“存货”项目列示的有（　　）。

A．生产成本　　B．在途物资

C．工程物资　　D．受托代销商品

7．下列资产负债表项目中根据总账余额直接填列的有（　　）。

A．短期借款　　B．实收资本

C．存货　　D．应收账款及应收票据

8．下列资产负债表项目中根据总账余额计算填列的有（　　）。

A．存货　　B．货币资金

C．无形资产　　D．应付账款及应付票据

9．下列资产负债表项目中根据明细科目余额计算填列的有（　　）。

A．预收款项　　B．预付款项

C．短期借款　　D．资本公积

10．根据《企业会计制度》规定，当会计政策发生变更时，企业应在会计报表附注中披露的事项有（　　）。

A．变更的内容

B．变更的理由

C．变更的影响数

D．变更的累积影响数不能合理确定的理由

11．下列选项中应在会计报表附注中反映的内容有（　　）。

A．不符合基本会计假设的说明

B．或有事项的说明

C．资产负债表日后事项的说明

D．重大会计政策和会计估计的说明

12．下列项目中影响营业利润的有（　　）。

A．管理费用　　B．财务费用

C．投资收益　　D．资产减值损失

13．现金流量表在结构上将一定期间产生的现金流量分为（　　）三类。

A．筹资活动产生的现金流量

B．经营活动产生的现金流量

C．投资活动产生的现金流量

D．出租资产产生的现金流量

14．下列有关财务会计报告报送时间符合时间性要求的有（　　）。

A．月报应在月份终了后 6 日内报出

B．季报应在季度终了后 15 日内报出

C．半年报应在年度中期结束后 2 个月内报出

D．年报应在年度终了后 4 个月内报出

四、判断题

1．企业必须对外提供资产负债表、利润表和现金流量表，会计报表附注不属于企业必须对外提供的资料。（　　）

2．会计报表是财务会计报告的有机组成部分。（　　）

3．资产负债表属于静态会计报表，利润表属于动态会计报表。（　　）

4．资产负债表中确认的资产都是企业拥有的。（　　）

5．资产负债表中的“固定资产原价”项目应包括融资租入固定资产的原价。（　　）

6．资产负债表中“无形资产”项目反映各项无形资产的原价。（　　）

7．资产负债表中的“长期借款”项目应根据“长期借款”账户的余额直接填列。（　　）

8．资产负债表的格式主要有账户式和报告式两种。我国采用的是报告式，因此才出现财务会计报告这个名词。（　　）

9．利润表中的主营业务收入反映的是主营业务收入净额。（　　）

10．利润表是反映企业在某一日期经营成果及其分配情况的报表。（　　）

11．营业外收支应反映在利润表的营业利润中。（　　）

12．现金流量表是以现金和现金等价物为基础进行编制的。（　　）

13．为了保证会计报表的及时性，可以提前结账。（　　）

14．利润表的编报基础是权责发生制。（　　）

15．现金流量表的编报基础是权责发生制。（　　）

16．现金流量表中现金的概念与库存现金的概念相同的。（　　）

五、简答题

1．财务会计报告的构成内容有哪些？会计报表如何分类？

2．什么是资产负债表？编制资产负债表的作用是什么？

3．什么是利润表？编制利润表的作用是什么？

4．财务报表附注包含哪些信息？

六、实训题

1．某企业20××年10月底总分类账户期末余额表如下：

20××年10月总分类账户期末余额表 单位：元

账户名称	借方金额	账户名称	贷方余额
库存现金	1,200	短期借款	400,000
银行存款	746,200	应付账款	220,000
其他货币资金	6,000	应付票据	171,300
交易性金融资产	125,000	预收账款	27,208
应收票据	73,778	应付职工薪酬	155,620
应收账款	360,000	其他应付款	90,000
其他应收款	9,640	应交税费	121,710
库存商品	1,122,680	应付利息	8,770
包装物	57,080	应付股利	93,510
低值易耗品	38,100	长期借款	900,000
原材料	968,400	实收资本	2,100,000
长期股权投资	925,000	资本公积	670,660
固定资产	1,534,000	盈余公积	247,200
累计折旧	–267,900	未分配利润	493,200
合计	5,699,178	合计	5,699,178

注：

①表中负数代表贷方余额。

②期末余额中“应收账款”所属明细账户借方余额合计数为428,000元，贷方余额合计数为68,000元。

③期末余额中“应付账款”所属明细账户贷方余额合计数为263,000元，借方余额合计数为43,000元。

④期末余额中“预收账款”所属明细账户均为贷方余额。

⑤“长期借款”中将于一年内到期的400,000元。

要求：根据上述资料，编制该企业 20×× 年 10 月份的资产负债表。

资产负债表

会企 01 表

编制单位：__________ ______年____月____日

单位：元

资产	期末余额	年初余额	负债及所有者权益（或股东权益）	期末余额	年初余额
流动资产：			流动负债：		
货币资金			短期借款		
以公允价值计量且其变动计入当期损益的金融资产			以公允价值计量且其变动计入当期损益的金融资产		
衍生金融资产			衍生金融负债		
应收票据及应收账款			应付票据及应付账款		
预付款项			预收款项		
其他应收款			应付职工薪酬		
存货			应交税费		
持有待售资产			其他应付款		
一年内到期的非流动资产			持有待售负债		
其他流动资产			一年内到期的非流动负债		
流动资产合计			其他流动负债		
非流动资产：			流动负债合计		
可供出售金融资产			非流动负债：		
持有至到期投资			长期借款		
长期应收款			应付债券		
长期股权投资			其中：优先股		
投资性房地产			永续债		
固定资产			长期应付款		
在建工程			预计负债		
生产性生物资产			递延收益		
油气资产			递延所得税负债		
无形资产			其他非流动负债		
开发支出			非流动负债合计		
商誉			负债合计		
长期待摊费用			所有者权益（或股东权益）：		

续表

资产	期末余额	年初余额	负债及所有者权益（或股东权益）	期末余额	年初余额
递延所得税资产			实收资本（或股本）		
其他非流动资产			其他权益工具		
非流动资产合计			其中：优先股		
			永续债		
			资本公积		
			减：库存股		
			其他综合收益		
			盈余公积		
			未分配利润		
			所有者权益（或股东权益）合计		
资产总计			负债和所有者权益总计		

2．某企业20××年11月有关损益类账户发生额如下：

20××年11月有关损益类账户发生额　单位：元

账户名称	借方发生额	贷方发生额
主营业务收入	92,800	2,962,200
其他业务收入		149,000
投资收益	27,000	350,000
营业外收入		41,760
主营业务成本	1,826,300	51,200
销售费用	347,580	
税金及附加	184,140	
其他业务成本	115,000	
管理费用	201,600	
财务费用	75,060	8,340
营业外支出	37,980	
资产减值损失	42,000	
所得税费用		

要求：根据上述资料编制利润表。

利润表

会企02表

编制单位：__________ ______年____月____日 单位：元

项　　目	本期金额	上期金额
一、营业收入		
减：营业成本		
税金及附加		
销售费用		
管理费用		
研发费用		
财务费用（收益以“–”号填列）		
其中：利息费用		
利息收入		
资产减值损失		
加：其他收益		
投资收益（损失以“–”号填列）		
其中：对联营企业和合资企业的投资收益		
公允价值变动收益（损失以“–”号填列）		
资产处置收益（损失以“–”号填列）		
二、营业利润（亏损以“–”号填列）		
加：营业外收入		
减：营业外支出		
三、利润总额（亏损以“–”号填列）		
减：所得税费用		
四、净利润（净亏损以“–”号填列）		
（一）持续经营净利润（净亏损以“–”号填列）		
（二）终止经营净利润（净亏损以“–”号填列）		
五、每股收益		
（一）基本每股收益		
（二）稀释每股收益		